Susi und
STRO

Es war wieder einmal Weihnachten. In Jim und Darlings Haus gab es so viele Geschenke unter dem Weihnachtsbaum, daß sie gar nicht wußten, wo sie mit dem Auspacken anfangen sollten. Also nahm Jim eine große, hübsch verpackte Schachtel und reichte sie Darling.

Kaum hatte diese die Schleife aufgemacht, sprang auch schon eine bildschöne Cockerspaniel-Hündin heraus.

„Gefällt sie dir, Darling?" fragte Jim.

„Oh, ja, die ist wirklich süß! Nennen wir sie Susi!"

Susi wurde geliebt und verhätschelt. Alle Nachbarhunde waren ihre Freunde, Jock, der Scotchterrier, und auch Pluto, der Bluthund. Eines Tages wollte Susi von ihnen etwas ganz Besonderes wissen. „Was bedeutet eigentlich, ‚in unserem Haus wird es ein freudiges Ereignis geben'?" fragte sie.

„Das heißt, dein Frauchen wird ein Baby bekommen", sagte Strolch, der gerade daher gelaufen kam. „Gib gut acht! Denn wenn ein Baby kommt, muß der Hund meist gehen!" warnte er.

Kurze Zeit später bekam Darling ein wonniges Baby. Susi freute sich sehr für sie.

Doch es dauerte nicht lange, und die Lage im Haus verschlechterte sich für Susi. Tante Klara reiste an und brachte ihre zwei siamesischen Katzen mit. Sie sollte sich um das Baby kümmern, während Jim und Darling in die Ferien fuhren.

Die listigen Katzen versuchten mit aller Gewalt, an den Goldfisch und Kanarienvogel heranzukommen und machten eine furchtbare Unordnung im Haus. Susi war gerade dabei, die beiden Bösewichte daran zu hindern, als Tante Klara hereinkam. Sie war natürlich davon überzeugt, daß Susi den Schaden angerichtet hatte.

„Du ungezogener Hund! Dir werd' ich's zeigen!" schimpfte sie.

Tante Klara schleppte Susi zum
Tierladen und ließ ihr vom Besitzer
einen Maulkorb anlegen. Susi hatte
noch nie so etwas Scheußliches
umgehabt und war nun total
verängstigt.

Es gelang ihr, sich aus Tante Klaras Griff zu befreien und auf die Straße zu rennen. Sie lief so schnell sie konnte, wohin war ihr egal. Die Hauptsache, weit weg von dieser gräßlichen Person.

Auf ihrer Flucht jedoch wurde die arme Susi von einem Rudel streunender Hunde verfolgt. Sie hetzten die Arme in eine Sackgasse.

„Jetzt bin ich verloren!" dachte Susi.

Wie aus dem Nichts tauchte in diesem Moment Strolch auf und stellte sich schützend vor Susi.

Er fletschte die Zähne, und die Angreifer suchten erschreckt das Weite.

Susi war verwirrt. „He, erkennst du mich denn nicht?" fragte Strolch. „Ich habe dein hübsches Gesicht nicht vergessen. Was machst du denn überhaupt hier?"

Da erkannte Susi Strolch wieder und freute sich, nicht mehr allein zu sein. Aber mit dem Maulkorb konnte sie kein Wörtchen sagen.

Susi wollte dieses fürchterliche Ding auf ihrer Nase so schnell wie möglich los werden. Strolch hatte eine Idee und führte sie zum Zoo. „Ich kenne da jemanden, der dir helfen kann", sagte er.

Im Nu zernagte ein Biber den Lederriemen des Maulkorbs. Susi war sehr froh und konnte endlich erzählen, was geschehen war. Der Biber aber fand den Maulkorb ausgezeichnet zum Bäumetransport.

Strolch wußte, daß Susi großen Hunger hatte. Er führte sie in ein romantisches italienisches Restaurant. Der Koch dort war ein guter Freund von ihm. Bald saßen beide beim schönsten Mondschein vor einem riesigen Teller Spaghetti.

Am Morgen wollte Strolch Susi nach Hause bringen. Unterwegs ließ er sich jedoch zur Hühnerjagd verführen. Die aufgeregten Hühner machten dabei einen solchen Lärm, daß ihr Besitzer aufwachte und herbeistürmte.

Strolch entkam, aber Susi wurde geschnappt und mußte in das städtische Tierheim.

Dort machten sich ein paar andere, ungepflegte Straßenköter lange über ihr elegantes Halsband lustig. Susi fühlte sich todunglücklich.

Bald wurde Susi nach Hause zurückgebracht. Dort mußte sie nicht nur draußen in einer Hundehütte bleiben, sondern sie wurde auch an eine sehr kurze Kette gelegt. Ihre Freunde, Jock und Pluto, besuchten sie. Susi schämte sich jedoch und konnte kaum sprechen.

Auch Strolch kam und tat so, als wäre nichts gewesen. Aber Susi war wütend. „Scher dich weg! Ich will dich nie mehr wiedersehen!" knurrte sie böse.

In dieser Nacht sah Susi, wie eine Ratte über einen Baum auf das Dach des Hauses kletterte. Laut bellend wollte Susi der Ratte hinterher jagen. Doch die Kette hielt sie fest zurück. Strolch hörte ihr Gebell und rannte so schnell er konnte herbei.

„Eine fette Ratte ist ins Kinderzimmer gehuscht!" rief Susi aufgeregt.

„Keine Sorge, die kriegen wir", beruhigte Strolch sie.

Als Strolch ins Haus raste, gelang es Susi, sich von der Kette loszureißen, und im Nu waren beide im Kinderzimmer. Strolch erwischte die Ratte, gerade als diese in das Kinderbettchen kriechen wollte. Der Lärm hatte Tante Klara geweckt. Diese kam aufgeregt ins Zimmer gestürmt. Als sie die Hunde sah, wurde sie sehr wütend. Die tote Ratte bemerkte sie gar nicht.

„In den Keller mit dir!" schrie sie und schubste Susi mit einem Besen vor sich her. Dann rief sie das Tierheim an, um Strolch abholen zu lassen.

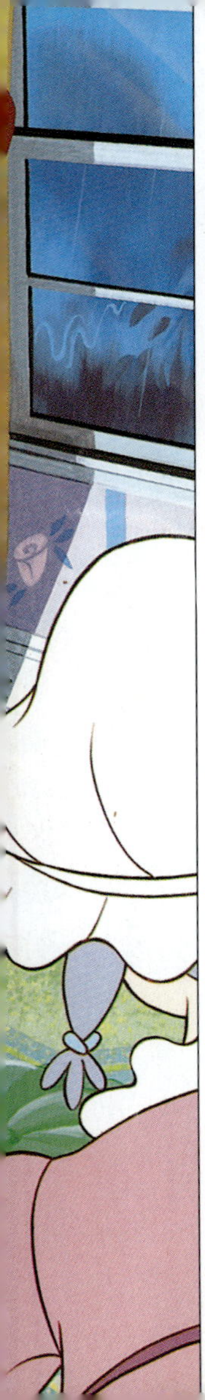

Gerade als der Wagen des Tierheims vorfuhr, kamen Jim und Darling nach Hause. Sie holten Susi aus dem Keller, und diese zeigte ihnen die tote Ratte im Kinderzimmer.

„Oh Gott", sagte Tante Klara, „ich dachte, die Hunde wollten sich an das Kind machen, aber es war die Ratte!"

Währenddessen folgten Pluto und Jock der Spur des Hundefängers. Sie waren sich einig: „Wir müssen Strolch helfen. Selbst wenn er nur ein dahergelaufener Hund ist, ist er doch ein lieber Kerl!"

Als sie den Wagen des Hundefängers eingeholt hatten, sagte Pluto: „Ich werde ihn anhalten", und rannte vor den Wagen. Das Pferd bäumte sich auf, und der Wagen kippte um.

Zu Hause machte sich Susi große Sorgen um ihren Freund. Aber Jim beruhigte sie und sagte: „Strolch hat unserem Kind das Leben gerettet, wir werden alles tun, um ihn zu finden."

Bald darauf waren Susi und Strolch wieder vereint.

Strolch bekam ein Halsband und eine Hundemarke. Mit Susi an seiner Seite lebte er sich schnell bei Jim und Darling ein. Er war glücklich, endlich auch ein eigenes Heim zu haben.

Als es wieder Weihnachten wurde, lagen vier possierliche Hündchen unter dem Baum. Natürlich feierten die treuen Freunde, Jock und Pluto, das freudige Ereignis mit ihnen.